Lluis Ortega

La musa invisible

La inteligencia artificial
como impulso
arquitectónico

Ensayos Críticos
11

Introducción

Comencemos nuestro canto por las musas heliconíadas, que habitan la montaña grande y divina del Helicón, donde forman bellos y deliciosos coros en la cumbre, lanzando al viento su maravillosa voz, con himnos a Zeus, portador de la égida, a Hera, a Atenea, a Apolo, a Artemisa, a Poseidón, a Afrodita, y a la restante estirpe sagrada de sempiternos inmortales. Este mensaje a mí, en primer lugar, me dirigieron las diosas, las musas olímpicas, hijas nacidas del poderoso Zeus: Clío, Euterpe, Talía, Melpómene, Terpsícore, Erato, Polimnia, Urania y Calíope [...]. ¡Tan sagrado es el don de las musas para los hombres! ¡Salud, hijas de Zeus! Otorgadme el hechizo de vuestro canto.

Hesíodo, *Teogonía*, siglo VII-VIII a. C.

El impacto de la inteligencia artificial (IA) en la arquitectura se está manifestando como un cambio sin precedentes, un fenómeno que está remodelando la disciplina de maneras que aún estamos comenzando a comprender. Sin embargo, surge una pregunta crucial: ¿cuán profundamente arraigado está este discurso en la realidad? ¿Hasta qué punto los algoritmos representan un nuevo paradigma arquitectónico o simplemente se suman al proceso ya en curso de tecnificación creciente del proyecto arquitectónico? Nos encontramos en un punto de inflexión, pero ¿estamos siendo testigos de una tecnología que únicamente intensifica la optimización de procesos existentes o también ante una fuerza disruptiva que inaugura nuevas formas de concebir, proyectar y experimentar la arquitectura? ¿Es la IA una plataforma tecnológica sustitutiva que reemplazará métodos tradicionales, una herramienta amplificadora que potenciará las capacidades humanas o una fuerza reformista que transformará la disciplina desde sus cimientos?

Estos interrogantes, junto con otros de igual relevancia y complejidad, impregnan nuestros debates disciplinarios y nos exigen reflexionar con ambición y profundidad sobre el presente y el futuro inmediato de la disciplina. La presencia de la IA en la arquitectura no solo obliga a reevaluar nuestras prácticas y teorías, sino también a cuestionar los fundamentos mismos sobre los que se construye nuestra comprensión del espacio, la forma y la función.

Este ensayo adopta una perspectiva optimista y especulativa y entrelaza descripciones técnicas con modelos teóricos, exploraciones de autores y obras significativas, así como mitos y narrativas que han influido en la evolución de la arquitectura. Su propósito es captar el potencial y las limitaciones transformadoras de la IA, iluminando las posibilidades que esta tecnología puede abrir en términos de innovación y creatividad. Al mismo tiempo, se busca abordar los desafíos complejos y multifacéticos que la IA plantea, no solo en el ámbito técnico, sino también en el ético y cultural, conformando así una reflexión integral, profunda y matizada sobre la influencia de esta tecnología en el ámbito de la arquitectura contemporánea y futura.

En última instancia, este ensayo no solo pretende ofrecer una visión crítica y reflexiva sobre el impacto de la IA, sino también inspirar a los arquitectos y teóricos a explorar nuevas fronteras, a cuestionar lo establecido y a imaginar futuros en los que la arquitectura y la tecnología se entrelacen de maneras innovadoras y significativas.

De la arquitectura automática al aprendizaje automático

Uno de los impactos más significativos de la digitalización en la arquitectura ha sido situar el proceso de proyecto en el centro del discurso, la crítica y la técnica. Aunque el metaproyecto arquitectónico siempre ha sido un pilar fundamental de la disciplina, la introducción de la computación ha ampliado considerablemente el territorio de la especulación y ha intensificado la experimentación procesual. La imaginación del arquitecto moderno se despliega en torno a conceptos como el orden, la eficiencia y la productividad, todos ellos valores que alimentan un deseo inherente por el automatismo y el control total del proceso creativo. Sin embargo, la realidad posmoderna ha superado esta visión con un capitalismo desenfrenado que no solo persigue la eficiencia, sino que también demanda un valor autoral en el mercado y posee una insaciable sed de novedad y diferenciación.

En este contexto la arquitectura automática moderna emerge, aparentemente, como un antídoto a las prácticas disciplinarias que no se ajustaban a las complejas condiciones socioeconómicas de la posguerra. Frente a arquitecturas que se basan en intuiciones subjetivas, surgen autores que se centran en precedentes históricos y otros que reivindican modelos y referencias más científicas y objetivas. Ambos enfoques representan intentos deliberados de desplazar al arquitecto que justifica su trabajo con intuiciones personales hacia una figura que, mediante referencias y metodologías externas, se acerca de algún modo a la automatización de su obra, despersonalizando el proceso creativo en favor de un enfoque más sistemático y replicable.

Esta microhistoria de la automatización en la arquitectura ha sido cuidadosamente trazada por Sean Keller en su trabajo de 2017.[1] El autor explora tres estrategias fundamentales: la de Christopher Alexander y Lionel March y las de Peter Eisenman y Frei Otto. En estos tres casos, los autores intentan trasladar el proyecto arquitectónico desde un territorio predominantemente narrativo y cultural hacia uno que se fundamenta en principios más científicos, buscando sistemas coherentes y métodos rigurosos que puedan aplicarse de manera objetiva y repetible.

Aunque a primera vista se podría pensar que este proceso implica un desplazamiento de la arquitectura simbólica hacia una más objetivable, en el fondo, como suele ocurrir en los grandes giros de la historia arquitectónica, subyace una búsqueda incesante de una nueva estética y una nueva cultura visual. En este caso particular, esta búsqueda viene impulsada por un enfoque sistemático que busca redefinir los límites y las posibilidades de la disciplina. La introducción de la computación en la arquitectura, por tanto, va mucho más allá de su uso instrumental y funcional; también enfatiza la necesidad de ampliar, cuestionar y reconstruir los marcos conceptuales y teóricos dentro de los cuales opera la disciplina.

El impacto de la digitalización en la arquitectura es, por tanto, doble y, en cierto modo, contradictorio. Por un lado, se sitúa en la órbita protésica de los instrumentos tecnológicos que potencian y amplifican la capacidad del autor tradicional, permitiéndole explorar nuevas fronteras creativas. Por otro lado, esta misma tecnología produce un desplazamiento significativo de la autoría, obligando a los arquitectos a repensar los fundamentos mismos de la disciplina y a cuestionar las bases sobre las que se construye el discurso arquitectónico. De este modo, la computación no solo transforma cómo se conciben y se materializan los proyectos arquitectónicos, sino que también redefine el papel del arquitecto en un mundo cada vez más digitalizado y tecnificado.

Keller estructura su libro en torno a un argumento central, inspirado en un artículo de Alan Colquhoun[2], que se centra en demostrar la imposibilidad de desvincular la obra arquitectónica de su aspecto representacional, a pesar de los intentos de los procesos modernos mencionados anteriormente, que buscaban una «renaturalización» del proceso de proyecto. Colquhoun, y posteriormente Keller, enfatizan que la condición inherente de la arquitectura siempre será, en cierto modo, técnicamente indeterminada, dejándola abierta a la elección autoral y la interpretación subjetiva. Esta tensión entre tecnología y cultura constituye un fértil territorio para reflexionar sobre el impacto de la IA en la autoría arquitectónica. Y lo es porque, por primera vez desde la aparición de la computación, nos encontramos con una metodología que, aparentemente, evita la reducción y la exclusión del significado en favor de la construcción de un sistema cuantificable.

En su artículo, Colquhoun aborda un debate cultural crucial, surgido a finales de la década de 1960, que, desde mi punto de vista, aún no se ha resuelto: la aparente incompatibilidad entre el uso de casos existentes (tipos) y la ambición de resolver problemas complejos mediante la introducción de métodos analíticos y sistemáticos que surgieron con la computación en muchos ámbitos del conocimiento. En la búsqueda moderna de una alternativa a los referentes estéticos y metodológicos preindustriales se intensifica una crítica hacia cualquier proyecto basado en raíces historicistas o que enfatice la significación simbólica de los proyectos por encima del potencial organizativo y optimizador de la nueva tecnología. Según Colquhoun, cualquier intención icónica o cargada de significado se 'esconde' bajo la descripción de la performatividad del proyecto, rechazando así el valor del significado en la obra arquitectónica.

Este rechazo del significado simbólico y cultural en la arquitectura lleva a cierta 'idealización' del ser humano primitivo, de la cabaña iniciática y de sus valores fundacionales (incluso hoy, en la deriva más reciente de la agenda neomatérica, con su discurso sobredimensionado sobre la sostenibilidad, se reflejan esos vestigios performativistas que minimizan la dimensión cultural en favor de una eficiencia técnica y funcional). Esta tendencia revela la persistencia de la tensión entre la búsqueda de una arquitectura que responda a los desafíos contemporáneos y la necesidad de preservar la riqueza semántica que siempre ha caracterizado a la disciplina arquitectónica. Por tanto, el debate sobre la integración de la IA en la arquitectura no solo implica cuestiones técnicas, sino que también nos obliga a reconsiderar cómo mantenemos el equilibrio entre la innovación tecnológica y la preservación de la identidad cultural en el acto de construir. Una alternativa a esta interpretación excluyente sería considerar que, en el fondo, no se trata tanto de eliminar la carga simbólica del proyecto arquitectónico, cuanto de sustituir una estética por otra. La industrialización rampante y las nuevas demandas sociales que la acompañan requieren de una arquitectura que no priorice el discurso referencial tradicional, sino que vea en el cambio un motor de innovación y en la optimización un mecanismo de aceptación cultural. En este contexto, la 'renaturalización' de la arquitectura moderna se traduce en un discurso que cancela la referencia simbólica y semántica tradicional y se centra en la condición performativa o emergente que surge del proceso proyectual. Así, vista desde esta perspectiva, la agenda antitipológica de la modernidad no es una misión antisimbólica, sino más bien un proceso de reemplazo. Se reemplaza una representación historicista por una representación cientificista; se deja de lado una arquitectura con citas culturales en favor de una arquitectura con cargas de emergencia performativa de tipo científico.

En esta nueva agenda estética se configura un proceso teleológico en el que este tiene un objetivo claro del que surge un significado determinado, aparentemente independiente del deseo del autor. Sin embargo, Colquhoun cuestiona la posibilidad de que esta desautorización del proceso proyectual sea realmente factible. Colquhoun presenta dos contraejemplos de autores —Yona Friedman e Iannis Xenakis— que, aunque utilizan lógicas matemáticas y computacionales en sus procesos, incorporan posteriormente capas de autoría que añaden significados adicionales una vez surge la organización del proceso.

En el caso de Friedman, Colquhoun explica que, tras emplear una lógica computacional para organizar los programas urbanos, el autor superpone una capa decisiva basada en esa estructura emergente, dotándola de una significación adicional que no estaba presente en la fase inicial del proceso. De manera similar, en el proceso de diseño del pabellón Philips con Le Corbusier, Xenakis utiliza un procedimiento matemático a partir del cual surge la forma estructural, pero este proceso no se detiene ahí; a continuación, se le añade un proceso de composición e intuición que enriquece la obra con una dimensión expresiva más libre.

Estas observaciones sugieren que la tensión irresuelta entre los motores de la modernidad —el determinismo por un lado y la expresión libre por otro— se intensifica con la introducción de la computación en el proceso proyectual. Colquhoun postula que, lejos de ser incompatible con la nueva visión cientificista, la referencia tipológica es, de hecho, deseable e inevitable, ya que la arquitectura opera en un territorio no determinado exclusivamente por leyes naturales. La aproximación determinista nos permite construir un marco dentro de nuestro imaginario simbólico, pero este corre el riesgo de convertirse en un vacío si no se llena con nuevos significados y narrativas que le otorguen sentido.

En resumen, la introducción de la computación y los métodos científicos en la arquitectura no ha eliminado la necesidad de significado, sino que ha transformado cómo se genera y se interpreta ese significado. En su intento de renaturalizarse y optimizarse, la arquitectura moderna ha creado un nuevo tipo de simbología que, aunque más ligada a la performatividad y al proceso emergente, sigue necesitando de la intervención del autor para dotar de sentido a sus creaciones. Esta realidad subraya la necesidad continua de una reflexión crítica sobre cómo se integran estas nuevas herramientas en la práctica arquitectónica sin perder de vista la dimensión cultural y simbólica que ha sido, y sigue siendo, esencial en la disciplina.

¿En qué situación queda toda esta dialéctica que tensiona nuestra disciplina (cultura-tecnología o tipología-determinismo) con la emergencia del uso de la IA en nuestra era digital? La hipótesis provisional que propongo es que la IA generativa en general, y el aprendizaje automático en particular, representan una ventana de oportunidad para superar el esquema excluyente que ha prevalecido hasta ahora. La tecnología se convierte en un desplazamiento cultural, una mediación entre lo conocido y aquello que deseamos descubrir. Para desarrollar esta hipótesis sobre una base sólida, es necesario realizar una doble digresión: una de carácter teórico sobre la creatividad y otra de naturaleza técnica sobre el aprendizaje profundo. Solo así podremos abordar el problema con la complejidad y precisión que requiere, entendiendo la IA no solo como una herramienta tecnológica, sino también como un agente transformador de nuestra cultura y de nuestra forma de conocer el mundo.

Creatividad sintética

Una de las preguntas fundamentales en las reflexiones sobre el impacto de la IA es su capacidad para ser creativa o, al menos, para parecer creativa de manera convincente. En el contexto que nos ocupa, nos referimos específicamente a la creatividad arquitectónica. Si entendemos la creatividad como la capacidad de producir algo completamente nuevo a partir de la nada, tendemos a situarla en un territorio cercano a lo irracional, lo divino o lo mágico. Bajo esta premisa, la creatividad parecería estar en las antípodas de la lógica científica, ya que, mientras la ciencia se basa en la predicción y el análisis, la creatividad se presenta como un fenómeno impredecible e incontrolable. Sin embargo, esta definición de creatividad puede llevarnos a una interpretación errónea o confusa. No todo lo que es novedoso es necesariamente creativo. La cuestión de qué constituye la verdadera creatividad es mucho más compleja y multifacética.

Cuando enfocamos la discusión en el campo computacional, la noción de creatividad como un talento misterioso e inefable parece alejarse aún más de cualquier posibilidad de ser apropiada o replicada por máquinas. Las tradiciones inspiracional y romántica han evitado sistemáticamente cualquier intento de explicación científica de la creatividad, relegándola a un ámbito casi mítico. Margaret A. Boden, una autoridad indiscutible en el estudio de la creatividad, aborda esta cuestión con gran precisión afirmando que «en su inteligibilidad reside su esplendor».[3] Boden identifica tres tipos de creatividad: exploratoria, combinatoria y transformadora. La creatividad exploratoria consiste en ampliar los límites dentro de las reglas existentes; la combinatoria implica la fusión de diferentes elementos para generar algo nuevo y la transformadora ocurre cuando se rompen o subvierten las normas o sistemas establecidos.

El trabajo de Boden nos ofrece un marco útil para entender la cuestión de la creatividad en el contexto de la IA y, en particular, en la arquitectura. En la tradición inspiracional, por ejemplo, se considera que «un poeta es sagrado y nunca es capaz de componer hasta que esté inspirado, poseído, y la razón ya no actúe en él. No es el arte lo que articula sus palabras, sino un poder divino».[4] Bajo esta perspectiva, la creatividad es un fenómeno casi sobrenatural, inalcanzable a través de medios racionales o científicos. En la tradición romántica, aunque no se considera necesariamente divina, sí que se la ve como una cualidad excepcional. «Los artistas creativos (y los científicos) son personas dotadas con un talento específico que otros no poseen: perspicacia o intuición».[5] Según esta visión, el talento intuitivo es innato, un don que no puede ser adquirido ni enseñado, lo que refuerza la idea de que la creatividad es una capacidad reservada a unos pocos privilegiados.

Este tipo de concepciones, aunque estén profundamente arraigadas en la cultura, pueden limitar nuestra comprensión y nuestras expectativas sobre lo que la IA puede lograr en términos de creatividad. Si bien es cierto que en su forma más pura la creatividad puede parecer fuera del alcance de las máquinas, las categorías propuestas por Boden sugieren que hay aspectos de la creatividad que pueden ser modelados, replicados o incluso potenciados por la IA. En particular, la creatividad exploratoria y combinatoria son áreas en las que la IA ya ha demostrado un considerable potencial. A medida que la tecnología avanza, es posible que también veamos desarrollos significativos en la creatividad transformadora, desafiando aún más nuestras nociones preconcebidas sobre la relación entre creatividad y humanidad.

Por tanto, al explorar la creatividad arquitectónica en la era de la IA, debemos ir más allá de las visiones románticas y míticas para considerar un espectro más amplio de posibilidades creativas. La IA puede no ser capaz de reemplazar la creatividad humana en su totalidad, pero sí de ofrecer nuevas herramientas y enfoques que amplíen y enriquezcan el proceso creativo en la arquitectura.

Así pues, cualquier aproximación a una creatividad computacional parece estar en total oposición a las hipótesis inspiracionales y románticas. Ambas corrientes rechazan —una por atribuir la creatividad a un origen divino y la otra por considerarla un talento innato—categóricamente cualquier intento de replicar o simular esta facultad mediante medios tecnológicos. En particular, estas visiones tradicionales chocan con la naturaleza predictiva y algorítmica de la IA, que se fundamenta en principios que, a primera vista, parecen incompatibles con las cualidades misteriosas e inefables que caracterizan la creatividad según estas perspectivas.

Sin embargo, al abordar la cuestión de la creatividad desde una perspectiva computacional, es necesario matizar y desarrollar más detalladamente el marco conceptual que empleamos. Lo que se denominan 'expectativas erróneas' influyen de manera significativa en cómo evaluamos la capacidad creativa de la IA. Si entendemos esta como el estudio de cómo lograr que los ordenadores lleven a cabo tareas similares a las que realiza la mente humana, podríamos inicialmente pensar que el objetivo es estudiar cómo los ordenadores pueden ser creativos en sí mismos. No obstante, esta expectativa puede y debe redirigirse hacia dos aproximaciones más matizadas y realistas.

La primera de estas aproximaciones se centra en la idea de que la IA podría permitir que los ordenadores 'parezcan' creativos. Aquí, el énfasis no está en si las máquinas son verdaderamente creativas en un sentido profundo y filosófico, sino en si pueden generar resultados que se perciban como creativos desde un punto de vista externo. En este contexto, la creatividad computacional se evalúa más por su capacidad para producir resultados novedosos y sorprendentes que por cualquier cualidad innata o trascendental.

La segunda aproximación, quizás más pragmática y relevante para la práctica arquitectónica, se refiere a cómo la IA puede ayudar a los seres humanos a ser más creativos. En este caso, la creatividad no se transfiere de la mente humana a la máquina, sino que se potencia y amplifica a través de las herramientas y procesos que la IA pone a disposición de los arquitectos y los diseñadores. La IA, por tanto, actúa como un catalizador que facilita nuevas formas de pensar, combina elementos de manera inédita o explora soluciones que de otro modo podrían haber permanecido ocultas o inexploradas.

En el fondo, estas dos preguntas —si la IA puede hacer que los ordenadores 'parezcan' creativos y si puede ayudarnos a ser más creativos— nos alejan de debates metafísicos y morales sobre la autenticidad de la creatividad en las máquinas. En lugar de preocuparnos por si las máquinas pueden ser creativas en el mismo sentido en que lo son los humanos, podríamos centrarnos en cómo estas herramientas tecnológicas pueden enriquecer, potenciar el proceso creativo en sí. Esta perspectiva nos permite superar el escepticismo asociado a la 'humanización' de los ordenadores y nos invita a explorar las oportunidades que surgen cuando la creatividad humana y la IA se integran en la práctica arquitectónica.

Boden ofrece una perspectiva fascinante al sugerir que las ideas computacionales no solo son útiles para crear herramientas, sino que también nos ayudan a entender cómo es posible la creatividad humana.[6] Este planteamiento abre la puerta a una nueva forma de ver la creatividad, no como un fenómeno exclusivamente misterioso o divino, sino como un proceso que puede ser desmenuzado y comprendido, al menos en parte, a través de modelos computacionales.

Al explorar esta idea, es importante destacar dos aspectos que desafían las visiones románticas e inspiracionales de la creatividad. Primero, todos los seres humanos poseen algún grado de creatividad, aunque esta puede manifestarse de formas y niveles de intensidad muy variados. Segundo, la creatividad no surge en el vacío; más bien, requiere y se beneficia enormemente de conocimientos técnicos y habilidades que se adquieren y se perfeccionan con el tiempo.

Un ejemplo relevante de este enfoque científico es el trabajo de Henri Poincaré, quien desglosa el proceso creativo en cuatro etapas distintas. La primera es la preparación, donde se identifica y estudia un problema con el objetivo de encontrar una solución, aunque a menudo este esfuerzo inicial puede resultar frustrante. En segundo lugar, viene la incubación, un período en el que el subconsciente sigue trabajando en las relaciones planteadas durante la preparación, generalmente de manera involuntaria mientras la persona realiza otras actividades. La tercera etapa es la iluminación, un momento de epifanía en el que una idea surge de manera inesperada, a menudo en forma visual. Finalmente, el proceso culmina en la verificación, donde la idea concebida se desarrolla y se somete a prueba para evaluar su viabilidad.[7]

Es especialmente interesante observar que, durante la fase de incubación, la mayor parte de las combinaciones generadas por el subconsciente son inútiles y se descartan rápidamente. Sin embargo, aquellas que aparecen durante la iluminación suelen seleccionarse por su resonancia estética y su carga visual. Según Poincaré, es precisamente la sensibilidad estética del creador la que permite identificar estas ideas como valiosas y novedosas. Como sostiene Arthur Koestler:

> De entre los grandes números de combinaciones ciegamente formadas por el yo subliminal, casi ninguna tiene interés o utilidad; pero, justamente por la misma razón, tampoco tienen ningún efecto sobre la sensibilidad estética.

La consciencia nunca las conocerá; solo algunas son armoniosas y, por consiguiente, instantáneamente útiles y hermosas. Ellas serán capaces de tocar la sensibilidad especial del geómetra».[8]

Esta explicación, aunque sugerente y detallada, ha sido criticada por su excesivo enfoque mecanicista y por no explicar completamente cómo funciona la intuición, como también señala Boden.

Las teorías combinatorias, como las de Poincaré, consideran la creatividad como el resultado de combinaciones inusuales de ideas. Sin embargo, esto parece ser una condición necesaria, pero no suficiente, para definir la creatividad, ya que no todas las combinaciones inusuales son verdaderamente creativas; algunas pueden ser simplemente estrafalarias o incoherentes. La verdadera creatividad no es un problema meramente estadístico, sino que pertenece a un orden diferente de pensamiento. Mientras que el pensamiento novedoso puede explicarse como una reinterpretación o recontextualización de principios ya existentes, la creatividad, en su sentido más profundo, está más estrechamente vinculada a un cambio de paradigma. Es precisamente esta incompatibilidad entre las ideas creativas y las reglas preexistentes lo que genera el efecto 'sorpresa' y nos lleva a reconocer que estas ideas no podrían haber sido generadas bajo los principios vigentes. Este desafío a las reglas establecidas es lo que confiere a la creatividad su poder transformador y su capacidad para inaugurar nuevas formas de pensar y de hacer, tanto en la ciencia como en el arte y, por supuesto, en la arquitectura.

En la búsqueda creativa resulta no solo útil, sino a menudo necesario, contar con un mapa de navegación, un marco conceptual o un contexto que, sin definir de manera precisa un problema concreto, permita explorar diferentes rutas y acotar la amplitud de la búsqueda. Estas cartografías, tanto en el ámbito científico como en el artístico, pueden servir como espacios en los que sumergirse para encontrar inspiración, aunque en otras ocasiones se convierten en territorios de los que uno busca distanciarse para innovar. En este proceso de búsqueda, que puede ser a veces nebuloso o incierto, la heurística emerge como uno de los recursos más valiosos. La heurística se refiere a modos de abordar un problema siguiendo caminos que, basados en la experiencia y el conocimiento previo, tienen una mayor probabilidad de llevarnos a una solución.

En arquitectura operamos con frecuencia dentro de este marco heurístico, aplicando lo que comúnmente llamamos 'trucos del oficio'. Estos trucos o métodos no son arbitrarios; funcionan dentro de un marco limitado y bien definido y se basan en una lógica construida a partir de la experiencia acumulada. Por ejemplo, el manejo de restricciones, ya sea eliminándolas o enfatizándolas, es una técnica heurística con una larga tradición en la disciplina arquitectónica. El uso de restricciones como herramienta creativa permite que el arquitecto explore nuevas posibilidades dentro de un conjunto determinado de parámetros y que encuentre soluciones innovadoras que podrían no haber surgido en un contexto menos estructurado.

Un ejemplo notable de esta aplicación heurística en el diseño se dio en 1969, cuando Charles y Ray Eames fueron invitados a participar en la exposición «Qu'est-ce que le design?» en el Musée des Arts Décoratifs du Palais du Louvre, París. La estructura de la exposición consistía en una serie de preguntas y respuestas sobre el tema del diseño, donde las preguntas eran formuladas por *madame* L. Amic y Charles Eames respondía.[9]

¿Cuál es su definición de «diseño"?
Un plan para disponer elementos de modo que se consiga la función pretendida de la mejor manera.

¿Es el diseño una expresión artística (una forma artística)?
El diseño es expresión de una función. Puede valorarse posteriormente como arte (si es suficientemente bueno) […].

¿Admite restricciones la creación en diseño?
El diseño depende en gran medida de las restricciones.

¿Qué restricciones?
La suma de todas ellas. Este es uno de los pocos factores clave a la hora de afrontar el problema del diseño —la capacidad del diseñador de reconocer tantas restricciones como sea posible—, su buena disposición y entusiasmo por trabajar dentro de estas restricciones: restricciones de precio, tamaño, resistencia, equilibrio, superficie, tiempo, etc.; cada problema tiene su propia lista de restricciones.

¿Obedece el diseño a leyes?
¿No son suficientes las restricciones?

Después de haber respondido a todas estas preguntas, ¿cree que ha sido capaz de ejercer la profesión del «diseño» en condiciones satisfactorias e incluso óptimas?
Sí.

¿Se ha visto obligado a aceptar compromisos?
Nunca me he visto forzado a aceptar compromisos, pero he aceptado de buen grado restricciones.

Este ejemplo subraya la importancia de tener un marco dentro del cual operar, no como una limitación, sino como una guía que permite al diseñador o arquitecto navegar entre lo conocido y lo desconocido, lo familiar y lo innovador. La capacidad de moverse entre estos espacios, de explorar dentro de un contexto definido o de desafiarlo enriquece el proceso creativo y permite que surjan soluciones que son tan innovadoras como funcionales.

Toda esta reflexión evidencia la crucial importancia del marco conceptual en el proceso creativo. Reconocer y aceptar una novedad estructural requiere no solo un conocimiento profundo del contexto en el que se produce dicha novedad, sino también una flexibilidad mental que permita realizar cambios conceptuales significativos. En el ámbito científico, este proceso puede ser relativamente más accesible, ya que la verificación empírica y la validación a través de métodos rigurosos ayudan a la aceptación de nuevos marcos teóricos. La capacidad de confirmar experimentalmente una nueva teoría facilita su integración en el conocimiento establecido y contribuye a su reconocimiento y adopción dentro de la comunidad científica.

En contraste, el proceso de aceptación de novedades fundamentales en el ámbito artístico suele ser más desafiante. La resistencia a los cambios puede ser mayor, ya que las innovaciones en arte a menudo requieren un proceso de persuasión y seducción de especialistas y críticos. A diferencia de la ciencia, que dispone de procedimientos de verificación universal, el arte depende en gran medida de la recepción subjetiva y del consenso dentro de una comunidad que puede ser reacia al cambio. Este proceso de aceptación puede implicar un largo período de debate y argumentación en el cual la novedad debe demostrar su valor y relevancia a través de la crítica y la apreciación estética, en lugar de pruebas empíricas.

No es casual que el juego desempeñe un papel importante en este proceso. El juego fomenta la experimentación y la aceptación de nuevos marcos conceptuales y proporciona un espacio en que las ideas pueden ser exploradas y evaluadas sin las rígidas restricciones del pensamiento convencional. Los niños, en particular, son conocidos por su habilidad para construir y adaptar nuevos marcos conceptuales, demostrando una notable capacidad para explorar ideas novedosas y flexibles. Su forma de interactuar con el mundo es a menudo un ejemplo de cómo la creatividad florece en entornos donde la exploración y la evaluación ocupan un lugar central de la práctica.

En esencia, la capacidad de explorar y evaluar dentro de marcos flexibles es fundamental para toda práctica creativa. Ya sea en ciencia o en arte, la habilidad para cuestionar y reformular marcos conceptuales existentes, y para jugar con nuevas ideas, impulsa la innovación y permite que surjan nuevas perspectivas. La combinación de un conocimiento profundo y una apertura mental para el cambio facilita la creación y la aceptación de innovaciones que, eventualmente, pueden redefinir los límites del conocimiento y la creatividad en cualquier campo.

La inteligencia artificial no solo puede describir espacios conceptuales: también puede explorarlos activamente. Cuando se ejecuta un programa en un ordenador, es un diagrama dinámico del espacio computacional involucrado, el mapa de un explorador que realmente sale a explorar.[10]

En este contexto, la noción de protocolo o procedimiento efectivo se vuelve fundamental. En este sentido, un protocolo constituye una serie de pasos claramente definidos en los que cada acción está determinada con precisión. Estos protocolos, cuando se utilizan como heurísticas, actúan como instrucciones de navegación parcial que, de manera integral, facilitan la exploración efectiva dentro de un espacio de búsqueda. Los protocolos de acción y los datos conjuntos configuran un sistema generativo que opera dentro de un espacio latente que puede considerarse un subconjunto del vasto espacio de búsqueda general.

El espacio de búsqueda, en muchos casos, es enorme y diverso y las heurísticas se emplean para restringir este espacio y centrarse en áreas más manejables. Sin embargo, uno de los riesgos asociados con esta dinámica es que la reducción del espacio de búsqueda puede excluir potenciales hallazgos valiosos si se limita excesivamente o si se circunscribe solo a territorios ya conocidos. Este exceso de restricción puede, paradójicamente, limitar la novedad y lo que podría ser más auténticamente creativo. En un proceso jerárquico existen heurísticas de diversos niveles de especificidad y, dependiendo de cómo se activen, su impacto en el espacio de búsqueda puede variar considerablemente.

La definición y la aplicación de heurísticas representan una de las primeras ventanas a la intuición y la experiencia en el proceso de diseño de un espacio generativo. A menudo, estas heurísticas se presentan en forma de restricciones que, contrariamente a la percepción común de que limitan la creatividad, en realidad facilitan y fomentan las acciones creativas. Al proporcionar un marco dentro del que poder explorar y experimentar nuevas ideas, las heurísticas permiten generar soluciones innovadoras al establecer parámetros dentro de los cuales la creatividad puede florecer. En lugar de ver las restricciones como barreras, es más útil considerarlas como herramientas que orientan el proceso creativo y que proporcionan una estructura que facilita la generación y evaluación de nuevas ideas. «Las restricciones cartografían un territorio de posibilidades estructurales que pueden entonces ser exploradas y quizás transformadas en otros».[11]

Para que una idea se perciba como novedosa, es fundamental comprender el marco de restricciones existente. De lo contrario, esa idea podría parecer desconectada y difícil de aceptar. Para generar sorpresa, una idea creativa no puede estar completamente desvinculada del contexto preexistente, ya que, de ser así, provocaría perplejidad y desasosiego. Así, el pensamiento creativo requiere cierto grado de experiencia y conocimiento previo. Este tipo de condicionamiento plantea una aparente contradicción con otra tradición consolidada: la aleatoriedad. Si el pensamiento creativo es posible gracias a las restricciones, que son lo opuesto a la aleatoriedad, ¿significa esto que hay una visión incompatible con la idea de que la creatividad está ligada a la imprevisibilidad?

Para abordar esta aparente contradicción es útil recurrir de nuevo al trabajo de Boden, quien sintetiza los tipos fundamentales de pensamiento involucrados en la creatividad, especialmente en el ámbito de la computación. Por un lado, tenemos la analogía y la inducción y, por otro, el fenómeno de la serendipia.

En el uso de analogías, existen tres tipos de restricciones en los apareamientos que utilizamos: la estructural, que se refiere a la correspondencia literal entre las dos mitades; la semántica, que se basa en la relación entre significados similares y la pragmática, que se centra en la preferencia por aplicaciones importantes y equivalentes. Estas restricciones no solo guían el proceso creativo, sino que también permiten que las ideas generadas sean comprensibles y relevantes dentro del marco existente. De este modo, la aparente tensión entre la necesidad de restricciones y la aleatoriedad en la creatividad puede considerarse no una contradicción, sino una dinámica complementaria que enriquece el proceso creativo.

En el proceso de inducción se diseñan o identifican reglas generales a partir de casos particulares. Para la elaboración de estas reglas se emplean dos criterios fundamentales: la elegancia y la eficiencia. Estos criterios no solo determinan la calidad de las reglas generadas, sino también su aplicabilidad en diferentes contextos. En los procesos inductivos, la selección de una muestra representativa es esencial. Tanto los científicos como los programas de IA buscan patrones y regularidades en las instancias particulares. Sin embargo, aunque a menudo pueden emerger conexiones nuevas, el verdadero desafío radica en la capacidad de redimensionar el espacio conceptual, es decir, en la habilidad de expandir o modificar las categorías y estructuras preexistentes para acomodar nuevos descubrimientos y avances. Como señala Boden, este redimensionamiento es crucial para el progreso en el campo del aprendizaje profundo, donde las redes neuronales deben aprender a adaptar sus marcos conceptuales para mejorar su rendimiento y precisión.[12]

Por otro lado, el azar y la serendipia desempeñan un papel significativo en muchos actos creativos. La serendipia, a menudo considerada un factor clave en el descubrimiento científico, se refiere a esos momentos en los que un hallazgo valioso ocurre sin que haya sido buscado deliberadamente (un ejemplo clásico es el descubrimiento de la penicilina por Alexander Fleming). No obstante, aunque el azar es un componente en tales descubrimientos, no se trata de un azar puro. Existen condiciones previas que posibilitan el encuentro fortuito, así como una capacidad para reconocer y valorar su potencial. La casualidad es otro término comúnmente asociado a estos fenómenos. En el ámbito de la computación, la casualidad computacional también puede ocurrir. El completamiento y aparejamiento de patrones a veces sucede de manera espontánea y un sistema puede llegar a identificar una regularidad no evidente, lo que puede llevar a descubrimientos inesperados. Esta capacidad de reconocer y aprovechar la casualidad en el contexto del aprendizaje automático y de la IA subraya la importancia de mantener un equilibrio entre el rigor inductivo y la apertura a lo inesperado, permitiendo así que el proceso creativo se enriquezca tanto por las restricciones metodológicas como por las oportunidades imprevistas que se presentan.

Aunque el azar puede desempeñar un papel significativo en la creatividad, esta no depende exclusivamente de él. Las restricciones estructurales y el conocimiento específico son componentes esenciales en el proceso creativo. Cuando se lo combina con el juicio crítico y la experiencia, el azar puede dar lugar a la creatividad, aunque por sí solo raramente lo consigue.

En 1968 tuvo lugar en el Institute of Contemporary Arts (ICA) de Londres la exposición «Cybernetic Serendipity», comisariada por Jasia Reichardt. Esta fue la primera muestra dedicada al estudio del impacto de la computación y, en particular, de la cibernética en las prácticas artísticas. La cibernética se presentaba como una ciencia nueva centrada en el control y la comunicación en las máquinas, una área de conocimiento transdisciplinar que tiene en su núcleo el pensamiento circular y el bucle de retroalimentación (*feedback loop*), elementos fundamentales en su corpus teórico.

Gregory Bateson definió la cibernética como una rama de las matemáticas que se ocupa de problemas de control, recursividad e información, enfocándose en las formas y los patrones que conectan distintos sistemas.[13] Esta definición resalta la importancia de los vínculos y las interrelaciones, subrayando que la cibernética no solo trata de la tecnología, sino también de las conexiones profundas entre procesos y estructuras.

Entre los científicos destacados que participaron en la exposición se encuentra Gordon Pask, cuya obra *Colloquy of Mobiles*, una instalación interactiva, fomenta la conversación entre humanos y máquinas. Pask jugó un papel central en la reflexión sobre el impacto de la computación en la arquitectura. En su artículo «The Architectural Relevance of Cybernetics»,[14] el autor subraya la importancia de la cibernética como un giro teórico dentro de la arquitectura. En lugar de limitarse a resaltar su papel instrumental, Pask argumenta convincentemente que la cibernética introduce un nuevo lenguaje y unos términos que permiten un cambio fundamental en la disciplina arquitectónica. De alguna manera, este enfoque desplaza la computación y la ciencia asociada, que pasa de ser una mera herramienta instrumental a constituir un factor con un impacto profundo en el proceso de diseño.

Así, la cibernética no solo transforma las prácticas artísticas y arquitectónicas, sino que también redefine cómo entendemos y aplicamos la tecnología en estos campos, mostrando que el verdadero poder creativo surge en la intersección entre la estructura y el azar, entre el conocimiento y la innovación.

Contrariamente a lo que muchos suelen pensar, la ciencia no se enfoca principalmente en realizar predicciones, sino en comprender las estructuras subyacentes que permiten explicar la posibilidad de ciertos fenómenos. Este enfoque se conecta directamente con el cambio de perspectiva que tuvo lugar en los estudios arquitectónicos y filosóficos a finales del siglo XX y principios del XXI. Se pasó de una mirada enfocada en el exterior a un estudio introspectivo del lenguaje mismo como herramienta para comprender las probabilidades de fenómenos complejos. En este sentido, la ciencia se dedica a desmitificar y clarificar, no a profetizar.

El estudio científico busca desentrañar las dinámicas y los principios que gobiernan los fenómenos, ofreciendo un marco para entender cómo y por qué suceden las cosas, más que prever lo que ocurrirá. Esta orientación hacia la explicación, en lugar de la predicción, es lo que diferencia a la ciencia de otras formas de conocimiento y la conecta con un enfoque filosófico más profundo sobre la naturaleza de la realidad.

Por otro lado, el determinismo ha sido históricamente uno de los pilares sobre los que se ha apoyado la desconfianza hacia la creatividad computacional. Sin embargo, estas críticas a menudo pasan por alto que la ciencia ha superado la exclusión de los sistemas no deterministas, como lo son los sistemas complejos y la teoría del caos. En ámbitos claramente científicos, como la indeterminación cuántica, la imposibilidad de proceder con una lógica puramente determinista pone en evidencia que la creatividad puede aparecer en estructuras científicas que van más allá del universo mecánico del siglo XVIII.[15]

La tradición romántica e inspiracional ha sostenido la idea de que los individuos creativos constituyen un subgrupo especial de la humanidad dotado de una intuición que sería un poder especial que les permite generar ideas originales. No obstante, tanto la historia del arte y de la ciencia, como los estudios de psicología cognitiva muestran que no hay pruebas fundamentadas para pensar que la creatividad difiera del pensamiento ordinario.

En lugar de ser un misterio reservado a unos pocos, la creatividad puede entenderse como un proceso cognitivo accesible a todos basado en la combinación de conocimientos previos, el uso del lenguaje y la capacidad de reconocer y aprovechar conexiones inesperadas. Así, la ciencia y el arte no son dominios opuestos, sino que comparten un terreno común en el cual la creatividad emerge como una propiedad fundamental del pensamiento humano, lejos de las nociones románticas de genio o inspiración divina. Este reconocimiento no solo desmitifica la creatividad, sino que también democratiza su acceso, subrayando que todos somos capaces de crear e innovar cuando se nos proporcionan las herramientas y el entorno adecuado. «La creatividad se basa de forma crucial en nuestras habilidades ordinarias. Notar, recordar, observar, hablar, escuchar, comprender el lenguaje y reconocer las analogías: todos estos talentos del hombre común son importantes».[16]

El conocimiento disciplinar es esencial para cualquier proceso creativo. Si uno no entiende las reglas, aunque sea tácitamente, no es capaz de romperlas o torcerlas. Sin embargo, esta capacidad de cuestionar y modificar las reglas debe hacerse de modo que sea pertinente al dominio específico en el que se opera.

En este sentido, uno de los rasgos diferenciales de las personas creativas radica en su habilidad para identificar, definir y ampliar los dominios de conocimiento y, dentro de estos, desafiar y expandir las reglas estructurales. Su espacio de exploración y búsqueda es más amplio que el del resto, lo que les permite encontrar ideas que sorprenden y fascinan a quienes no poseen el mismo grado de 'talento' o habilidad.

Para ser verdaderamente creativos, debemos ser capaces de cartografiar, explorar y transformar nuestra propia mente. La conciencia que es esencial para la creatividad no es una cualquiera, sino una autorreflexiva que evalúa y cuestiona sus propios procesos y resultados. Esta capacidad de autoevaluación y ajuste es crucial, ya que permite a los sistemas creativos, ya sean humanos o artificiales, no solo generar ideas, sino también refinarlas y mejorarlas continuamente.

En la actualidad, los sistemas híbridos parecen ser los más eficientes en términos de creatividad. Ramón López de Mántaras resume bien el reto cultural que implica aceptar la creatividad de la IA.[17] Según él, existen tres grandes impedimentos para la aceptación social de la creatividad de la IA: la falta de intencionalidad en los programas informáticos, la resistencia social a integrar agentes con IA en nuestra sociedad y la aparente ausencia de conciencia, necesaria para la creatividad. Sin embargo, todos estos impedimentos pueden ser superados o, al menos, cuestionados.

El primer obstáculo, la falta de intencionalidad, se pone en duda cuando consideramos los modelos basados en redes neuronales. En estos modelos, la intencionalidad no es un problema lineal y predeterminado, sino un proceso abierto de iteraciones circulares con retroalimentación, ya sea humana o interna, que calibra continuamente sus conexiones mediante procesos cada vez más sofisticados, capaces de captar mediante sensores y analizar su propia actuación. Este enfoque dinámico y adaptativo desafía la noción tradicional de que la intencionalidad debe ser estrictamente humana.

El segundo desafío, la aceptación social, es un constructo que no debe considerarse cerrado ni estable. Ya estamos viendo una creciente naturalización de los sistemas de IA en tareas que anteriormente se consideraban exclusivamente humanas. Generacionalmente, se está produciendo una adaptación cultural que podría allanar el camino para una mayor integración de la IA en nuestra vida cotidiana, incluyendo ámbitos creativos.

Finalmente, el problema de la conciencia, considerado por muchos como un requisito indispensable para la creatividad, también se encuentra bajo revisión. Como sugiere López de Mántaras, citando a Stephen Jay Gould, si la creatividad exigiera necesariamente un creador consciente y visionario, ¿cómo es posible que la evolución ciega haya sido capaz de producir cosas tan complejas y magníficas como los seres humanos?[18] Esta analogía plantea la posibilidad de que la creatividad no esté intrínsecamente ligada a la conciencia en el sentido tradicional, sino que pueda surgir de procesos que, aunque no conscientes en el sentido humano, son capaces de generar novedad y complejidad.

En conjunto, estos argumentos nos invitan a reconsiderar nuestras ideas preconcebidas sobre la creatividad, tanto humana como artificial. La creatividad, lejos de ser un misterio exclusivo de unos pocos o una característica exclusivamente humana, podría ser un fenómeno más amplio y accesible que se manifiesta en diferentes formas y a través de distintos procesos, algunos de los cuales estamos apenas comenzando a comprender.

Aprendizaje artificial

Un sistema computacional creativo debe poder situar la idea original dentro de un espacio conceptual definido por restricciones inteligibles. En resumen, la búsqueda por fuerza bruta debe ser controlada por la inteligencia si es que debe resultar algo creativo.[19]

La eclosión de los modelos de IA en general, y de los generativos en particular, en los últimos años se debe a tres factores clave: los avances en el desarrollo de algoritmos, la capacidad de computación avanzada y la amplia disponibilidad de datos. El origen de la disciplina conocida como IA se remonta a 1956, cuando John McCarthy acuñó el término durante un encuentro de verano en el que diversos investigadores buscaban unificar esfuerzos para dotar a las máquinas de una «capacidad de pensar».[20]

Inicialmente, la IA clásica se basaba en algoritmos entendidos como un conjunto de instrucciones dadas a la máquina que integraban una combinación de heurísticas. Sin embargo, el cambio fundamental que define la IA contemporánea radica en el uso del aprendizaje profundo mediante redes neuronales. Este tipo de aprendizaje se caracteriza por el uso de algoritmos que no solo consisten en un código que abarca todas las posibles soluciones a un problema, sino que también tienen la capacidad de ser entrenados para reconocer patrones de manera autónoma. Este proceso de entrenamiento se lleva a cabo utilizando ingentes cantidades de datos. Así, mientras que la IA de primera generación se centraba en la combinatoria heurística, la nueva IA se centra en la capacidad de aprendizaje de los modelos. Este cambio representa un giro copernicano en el comportamiento de los modelos y en el papel del desarrollador responsable de su creación.

En los primeros modelos la síntesis y la experiencia del programador eran cruciales para proyectar combinatorias eficaces. Sin embargo, en la IA contemporánea, la autonomía de los modelos ha aumentado significativamente y su rendimiento depende en gran medida de la cantidad y calidad de los datos utilizados así como de los procesos de entrenamiento de las redes neuronales. Estas redes, que son modelos digitales basados en nodos (neuronas) y conexiones, se entrenan exponiéndolas a grandes volúmenes de datos, lo que permite autoajustar los pesos que regulan cada conexión según los objetivos del modelo. En este proceso, que requiere un alto coste computacional, la red es capaz de hacer emerger patrones inherentes en los datos con los que se entrena. No obstante, es importante destacar que las redes neuronales no están diseñadas para comprender por qué ocurren las cosas (causalidad); simplemente identifican patrones y conexiones entre ellas. La comprensión de los objetivos y las causas queda fuera de su ámbito de competencia.

Este enfoque operativo genera uno de los mayores desafíos éticos en el uso de estos modelos: el sesgo. Los grandes modelos generativos de IA que trabajan con datos de naturaleza social han enfrentado enormes dificultades para evitar el sesgo, un fenómeno que en muchos casos acentúa los defectos de nuestras culturas al heredar los sesgos negativos de los datos con los que son entrenados. ¿Cómo se presenta este reto cuando hablamos de IA en el diseño arquitectónico? Probablemente, la connotación negativa del sesgo no sea tan marcada. En términos de proyectos, el sesgo puede considerarse una variante de lo que tradicionalmente se ha entendido por conceptos como estilo, tipología, serie, patrón, etc. Se trata de una posición organizativa que, al descartar ciertas variables, enfatiza atributos arquitectónicos específicos. La normativa vigente, los debates disciplinarios, las dinámicas de evaluación en concursos y las modas son factores que activan y modulan los sesgos que, de manera más o menos consciente, articulamos en nuestros proyectos.

Si tuviese que resumir en una sola palabra sobre qué giran las polémicas más espinosas relacionadas con la inteligencia artificial, esta palabra sería «objetivos».[21]

La IA opera esencialmente reduciendo una función de pérdida en relación con objetivos específicos. El aprendizaje profundo se basa precisamente en este principio: establecer objetivos claros y minimizar la diferencia entre lo que se genera y lo que se busca. En este contexto, la calidad de un modelo se evalúa en función de cuán pequeña es esa diferencia, es decir, se considera más inteligente cuanto más se aproxima al objetivo determinado. Uno de los principales desafíos que enfrenta este tipo de modelos radica en la adecuada definición de lo que se consideran objetivos deseables. La precisión con la que se establecen estos objetivos es crucial, ya que define el éxito del proceso de aprendizaje.

Entre los modelos de aprendizaje automático más prometedores en la actualidad se encuentra el aprendizaje por refuerzo. Este enfoque se inspira en ideas planteadas por Alan Turing en su famosa conferencia «¿Puede pensar una máquina?»,[22] donde sugiere un aprendizaje basado en un sistema de recompensas y penalizaciones. La lógica detrás de este modelo es que, en lugar de predeterminar las operaciones que debe realizar el sistema, se establecen unos objetivos deseables y, mediante ensayo y error, el modelo trata de acercarse a esos objetivos. El proceso de aprendizaje se convierte en un ciclo continuo de evaluación y ajuste en el que las decisiones que resultan ser más eficaces reciben recompensas, lo que a su vez provoca un recalibrado de los pesos del modelo.

Este enfoque no solo emula los métodos de educación en seres vivos, sino que también abre un abanico de posibilidades completamente nuevas. El aprendizaje ya no depende únicamente de un enfoque de fuerza bruta basado en el procesamiento de enormes cantidades de datos, sino que incorpora la capacidad de desarrollar criterios y estrategias a partir de objetivos específicos, lo que permite que los modelos se adapten a situaciones novedosas o a contextos donde no se dispone de grandes volúmenes de datos.

En su aspecto teórico, el aprendizaje por refuerzo introduce la posibilidad de que los sistemas de IA puedan aplicar lógicas generativas y tomar decisiones en contextos dinámicos y menos estructurados. Esta capacidad de adaptarse y aprender en tiempo real, sin necesidad de grandes cantidades de datos preexistentes, marca un cambio significativo en cómo entendemos el potencial de la IA. Además, este modelo tiene la ventaja de ser aplicable a entornos donde la exploración y la interacción continua con el entorno son fundamentales, como en la robótica, los videojuegos y la optimización de sistemas complejos.

La incorporación de este tipo de aprendizaje en la IA plantea preguntas importantes sobre la naturaleza del aprendizaje y la inteligencia. Si un sistema puede ajustar su comportamiento basándose en recompensas y penalizaciones, ¿hasta qué punto se acerca a lo que consideramos aprendizaje humano? Aunque el proceso es todavía rudimentario en comparación con las capacidades humanas, que una máquina pueda, en cierto sentido, aprender de sus errores y mejorar su desempeño sin intervención directa ofrece una perspectiva fascinante sobre el futuro del aprendizaje automático.

Este enfoque también tiene implicaciones significativas para la ética y la responsabilidad en el desarrollo de sistemas de IA. Dado que los objetivos y las recompensas los definen los humanos, la manera en que se establecen estos parámetros tendrá un impacto directo en las decisiones y comportamientos de los sistemas que dependen del aprendizaje por refuerzo. Por tanto, el diseño cuidadoso de estos objetivos no solo es un desafío técnico, sino también un reto moral y filosófico que debe abordarse con seriedad.

En resumen, el aprendizaje por refuerzo representa una evolución en la forma en que las máquinas aprenden que va más allá de la simple acumulación de datos y se dirige hacia un proceso más dinámico y adaptativo.

El arquitecto como entrenador y crítico

La inteligencia artificial seguirá incompleta mientras no se la recubra de un diseño narrativo y estético que le dé sentido y la inserte en nuestra cultura.[23]

El reto de diseñar la narrativa y la estética que construye y se adecúa al marco sobre el cual se despliega la IA es, sin duda, una prioridad en su constitución y desarrollo. Sin embargo, la ambición de crear una historia holística y uniforme puede limitar la capacidad de captar con precisión las múltiples realidades y certezas en los diversos ámbitos afectados. Dada la transversalidad del impacto del nuevo régimen tecnológico, resulta conveniente acotar la pregunta y centrarla en el diseño arquitectónico narrativo y estético, así como en las aperturas y preguntas que este enfoque plantea sobre la autoría disciplinar.

Uno de los aspectos más poderosos de la IA es su capacidad reflectante que actúa como un espejo en el que se reflejan muchos de nuestros propios modos de operar, aprender y mejorar. En este sentido, la IA se convierte en un territorio espejado donde el proceso mismo se transforma en un espacio de proyecto y especulación. La reflexión sobre la IA en el contexto arquitectónico no solo implica el análisis de su impacto en los métodos de diseño, sino también considerar cómo redefine las nociones de autoría, creatividad y originalidad dentro del campo disciplinar.

En su interacción con la IA, la arquitectura enfrenta la necesidad de repensar sus propios límites y potencialidades. La IA no solo es una herramienta que asiste en el proceso creativo, sino que también plantea nuevas preguntas sobre quién o qué puede considerarse autor de una obra. Esta tecnología desafía las nociones tradicionales de autoría al introducir sistemas que, aunque diseñados por humanos, poseen la capacidad de generar resultados que no siempre se alinean con la intención original de sus creadores.

Además, el carácter especulativo de la IA en la arquitectura abre un vasto espacio para la exploración de nuevas formas y narrativas que van más allá de las capacidades humanas convencionales. La IA permite proyectar escenarios arquitectónicos que no solo responden a las necesidades actuales, sino que también anticipan futuros posibles construyendo una estética que integra la incertidumbre y la multiplicidad de interpretaciones.

En este contexto, el diseño arquitectónico narrativo y estético no solo se enfoca en la creación de espacios físicos, sino también en la construcción de un discurso que articula y da sentido a la interacción entre humanos y máquinas. Esto implica una reconsideración de los principios estéticos tradicionales y una apertura hacia nuevas formas de expresión que puedan capturar la complejidad de esta relación.

Al actuar como un espejo, la IA nos invita a reflexionar sobre nuestras propias prácticas y a cuestionar las fronteras de la creatividad y la innovación. En este sentido, el territorio de la IA se convierte en un espacio para la especulación y la experimentación, donde el proceso de diseño se enriquece con nuevas posibilidades y desafíos. En este contexto, la autoría se redefine no ya como un atributo exclusivo del ser humano, sino como un concepto fluido que se extiende a las interacciones entre humanos y máquinas, transformando la arquitectura en un campo de exploración continua y renovación constante.

El arquitecto como entrenador

Una red neuronal almacena el conocimiento en sus parámetros y la configuración de sus pesos. No tenemos acceso a esa información, pues esta se distribuye de forma autónoma y de forma orgánica en millones de parámetros que superan nuestra capacidad humana. Hemos de desarrollar otros modos de interactuar con esa información. Ante esta situación nos encontramos con una actividad expandida. El arquitecto de la era de la IA tendrá que ampliar sus competencias hacia los datos con los que entrenar las redes neuronales.

Estudios recientes demuestran que la calidad de los datos en una base de datos es fundamental para el mejor funcionamiento de los modelos predictivos de aprendizaje supervisado habilitados por la IA.[24] Solo con un número suficiente de casos calificados que permitan aprender los patrones emergentes inherentes, los algoritmos de aprendizaje automático pueden realizar predicciones relevantes. Una base de datos efectiva y calificada arquitectónicamente no es simplemente una colección aleatoria de elementos, sino una compilación coherente en representación, con ciertos patrones vinculantes entre los elementos, es decir, una serie entendida como un grupo de objetos del que pueden extraerse reglas relacionales para generar organizaciones arquitectónicas específicas.

La noción de serie en la arquitectura se remonta a mucho antes de la aparición de la IA. La complejidad de la gestión de datos necesaria para abordar el entrenamiento algorítmico revitaliza la importancia de los enfoques seriales previos analizados en el contexto de la nueva sensibilidad generada por el uso del aprendizaje automático. La coherencia arquitectónica de estas obras y su condición sistémica extienden la capacidad de los proyectos más allá de una propuesta específica y su valor se desplaza centrándose en el procedimiento y el proceso en lugar de en una iteración particular del mismo.

Naturalmente, existen numerosas características del proceso digital que lo distancian y distinguen del proceso humano. 30

A pesar de estas diferencias, la abstracción de las series autorales y los procesos de aprendizaje automatizados comparten un sustrato común. La revisión del material histórico disciplinario y el significado cultural proporcionado por los procedimientos de IA son dos vectores que alimentan la comprensión expandida de la autoría arquitectónica. Mientras que las series del arquitecto moderno construyen una autoría individual que transmite investigación y una firma particular, las bases de datos arquitectónicas para entrenar algoritmos de aprendizaje aparecen como estructuras latentes de inteligencia colectiva.

El arquitecto como crítico

El papel de la crítica como resistencia a la naturaleza extractiva de los modelos generativos es cada vez más crucial en la era de la IA. En su ensayo *Tecnohumanismo*, Sanguinetti nos advierte sobre el carácter inherentemente extractivo de las imágenes generadas por modelos de IA. Señala que «mientras que una obra de Bruckner, Broch o Chagall despliega una profundidad en la cual podemos entrar y perdernos, la superficialidad radical de la imagen generativa nos deja solos, obligados a ser nosotros los que buscamos y le aportamos densidad humana. El diálogo con la imagen generativa tiene algo extractivo, parasitario».[25]

Este comentario subraya el peligro de que la exuberancia visual y la riqueza superficial de las imágenes generadas por IA conduzcan a un vaciamiento de significado, dejando al 'lector' o al observador en una posición pasiva. La falta de objetivos claros y la capacidad evocativa, pero a la vez ambigua, de estas imágenes puede crear un escenario en el que el autor, tradicionalmente el creador de sentido, se reduce a un simple observador o comentarista de lo que se ha generado automáticamente.

Aquí es donde la crítica, históricamente asociada con la interpretación y el juicio, resurge como una herramienta fundamental para resistir el potencial de succión de significado inherente a estos modelos generativos.

Durante las últimas décadas, la crítica ha sido, en muchos casos, marginada por la fascinación que han generado los procesos sistémicos y generativos. Estos procesos, con su aparente objetividad y precisión, han llevado a una tendencia a suprimir los razonamientos críticos cargados de prejuicios históricos, como si la eliminación de la subjetividad fuera un paso necesario para alcanzar la verdadera innovación. Sin embargo, en el contexto de la IA generativa, la crítica no solo vuelve a ser relevante, sino que se convierte en un motor indispensable para regular y contextualizar la producción de sentido.

La hiperconciencia histórica y disciplinar emerge como una nueva capacidad esencial para los arquitectos y los creadores de la era de la IA. Ya no basta con generar formas y contenidos, sino que es necesario un conocimiento profundo que pueda dialogar críticamente con lo que la máquina produce. Este diálogo, lejos de ser un proceso unidireccional donde el sentido se agrega retrospectivamente a la obra, se transforma en un bucle constante de retroalimentación entre el modelo generativo y el autor humano. La interacción se vuelve más simétrica y el equilibrio entre la creatividad de la máquina y la intuición crítica del ser humano se restablece.

Por tanto, la potencia generativa de la IA no debería verse como un fin en sí mismo, sino como parte de un proceso más amplio donde la crítica histórica y disciplinar juega un papel coreográfico. La capacidad de dotar de sentido no es unidireccional, sino que se convierte en un flujo constante en el que la autoría híbrida entre humano y máquina no solo produce objetos culturales, sino que también reconstituye los discursos culturales. Este proceso evita que las obras generadas se conviertan simplemente en objetos de consumo desprovistos de profundidad y significado.

En última instancia, el retorno a una crítica activa y consciente en la interacción con modelos generativos regula su capacidad extractiva y enriquece el potencial creativo de la IA. Al incorporar un enfoque crítico y contextual, los creadores pueden asegurarse de que las obras generadas sean visualmente atractivas y culturalmente significativas, manteniendo así la integridad y la profundidad que han caracterizado históricamente a las grandes obras de arte y arquitectura.

Las musas bailan en círculo

En la mitología griega, las musas son divinidades inspiradoras de las artes y las ciencias. Como sucede con muchos mitos griegos, existen diversas variantes sobre el origen, número y función de las musas, dependiendo de la fuente y la época. Hesíodo, por ejemplo, describe a nueve musas: Calíope, Clío, Erato, Euterpe, Melpómene, Polimnia, Talía, Terpsícore y Urania, cada una especializada en un campo artístico o científico específico.

Sin embargo, Pausanias menciona solo a tres: Meletea, Mnemea y Aedea. Esta versión más simplificada es particularmente relevante y adecuada para el contexto contemporáneo de la IA generativa, ya que resuena con tres de los grandes pilares que están transformando los marcos de trabajo: la imaginación, la memoria y la práctica.

La elección de estas tres musas por Pausanias resulta certera pues aborda de manera precisa y holística los tres componentes fundamentales de toda práctica creativa, evitando la excesiva especialización. Mientras que la versión de Hesíodo fragmenta la inspiración en campos específicos —la retórica, la historia, la elegía, la música, la tragedia, la lírica, la comedia, la danza y la astronomía—, Pausanias describe a tres divinidades que representan las fuerzas esenciales y comunes en cualquier acto creativo.

Meletea, también conocida como Mélete, es la musa de la imaginación, inspiradora de las ideas. Su papel es crucial en los primeros momentos del proceso creativo, cuando las ideas son aún abstractas e informes. Meletea es la fuerza que habita el espacio latente de la mente e impulsa la concepción de nuevas formas y pensamientos. Mnemea, o Mneme, es la musa de la memoria, encargada de concretar y desarrollar las ideas inspiradas por Meletea. Su función es transformar la abstracción en algo más tangible y operativo, activar el proceso creativo y permitir que la imaginación se materialice en formas concretas. Finalmente, Aedea, o Aede, es la musa de la ejecución. Aunque podría parecer que su papel es secundario, la materialización de las ideas es un acto de creación en sí mismo, donde el proceso de dar forma tangible a lo ideado se convierte en una parte integral de la obra.

Según Pausanias, esta tríada de musas opera en un proceso lineal y ordenado: Meletea inspira, Mnemea recuerda y desarrolla y Aedea ejecuta. Sin embargo, en los procesos creativos actuales, especialmente aquellos vinculados a la IA y la cibernética, el proceso generativo se aleja de esta lógica lineal y progresa hacia una dinámica más circular, iterativa y con retroalimentación continua. En lugar de seguir un camino recto de la idea a la ejecución, la generación de contenidos a través de la IA se convierte en un bucle continuo donde cada etapa del proceso influye en las demás y se redefine constantemente.

En este nuevo modelo, las tres musas ya no operan de manera independiente ni secuencial, sino que participan en una danza circular y en constante evolución. Este baile refleja la naturaleza iterativa y reflexiva de los procesos creativos sintéticos, donde la IA no es solo una herramienta pasiva, sino un colaborador activo que interactúa y coevoluciona con el autor. En lugar de un simple receptor de inspiración, el autor se convierte en un coreógrafo de esta danza que guía y es guiado por las musas en un proceso de cocreación.

Esta interacción entre autor y máquina transforma la naturaleza de la autoría. Las musas, que en la antigüedad inspiraban desde un lugar externo, ahora se integran en el proceso creativo de manera más íntima y forman parte de un bucle de retroalimentación en el que el autor no solo recibe inspiración, sino que también contribuye activamente a la dirección y forma de esa inspiración. La IA, por su parte, no se limita a ejecutar comandos, sino que aprende y produce en respuesta a las decisiones y críticas del autor, provocando una mediación constante entre lo conocido y lo desconocido.

En este contexto, el autor y la IA forman una pareja interdependiente y complementaria. El autor entrena y afina la IA que, a su vez, desafía y expande los límites del autor, llevando su creatividad a nuevas alturas. Este diálogo continuo y dinámico entre lo humano y lo artificial se convierte en un motor de exploración y descubrimiento, donde los susurros de la musa invisible pueden convertirse en poderosos impulsos creativos. Sin embargo, si el autor no está preparado para manejar esta interacción, esos susurros pueden transformarse en gritos y estruendos caóticos. Pero cuando se logra un equilibrio, esta conversación fluida y modulada entre el autor y la IA abre nuevas fronteras en la creatividad, empujando constantemente los límites del conocimiento y la innovación.

Lluis Ortega
Profesor titular del Departamento
de Proyectos Arquitectónicos
Universidad Politécnica de Cataluña.

Notas

1. Keller, *Automatic Architecture*.

2. Colquhoun, «Typology and Design Method», 71-74.

3. Boden, *La mente creativa*,19.

4. *Ibidem*, 19.

5. *Ibidem*, 19.

6. *Ibidem*, 23.

7. Poincoré. *The Foundations of Science*.

8. Koestler, *The Act of Creation*, 217.

9. Eames, *¿Qué es una casa? ¿Qué es el diseño?*

10. Boden, *op. cit.*, 110.

11. *Ibidem,*122.

12. *Ibidem*, 242.

13. Bateson, *Mind and Nature*.

14. Pask, «The Architectural Relevance of Cybernetics», 494-496.

15. Sautoy, *Lo que no podemos saber*.

16. Boden, *op. cit.*, 332.

17. López de Mántaras, «Creativitat computacional», 15-22.

18. Gould 1996, «Creating the Creators», 42-54.

19. Boden, *op. cit.*, 308.

20. Torres, *La inteligencia artificial explicada a los humanos*, 41.

21. Tegmark, *Vida 3.0.*

22. Turing, *¿Puede pensar una máquina?*

23. Sanguinetti, *Tecnohumanismo*, 14.

24. Carrera, et al, «The Impact of Architecturally Qualified Data in Deep Learning Methods for Automatic Generation of Social Housing Layouts».

25. Sanguinetti, *op. cit.*, 107

Bibliografía

Bateson, Gregory. *Mind and Nature: A Necessary Unity.* Nueva York: Bantam Books, 1979.

Boden, Margaret A. *La mente creativa. Mitos y mecanismos.* Barcelona: Gedisa, 1994.

Carrera, Laura, et al. «The Impact of Architecturally Qualified Data in Deep Learning Methods for Automatic Generation of Social Housing Layouts.» *Automation in Construction,* vol. 158 (2024).

Colquhoun, Alan. «Typology and Design Method,» *Perspecta,*1969: 71-74.

Eames, Charles. *¿Qué es una casa? ¿Qué es el diseño?* Barcelona: Editorial Gustavo Gili, 2007.

Gould, Setphen Jay. «Creating the Creators», *Discover Magazine* (1996): 42-54.

John Neuhart, Marilyn Neuhart. *Eames Design: The work of the office of Charles and Ray Eames.* Nueva York: Abrams, 1998.

Keller, Sean. *Automatic Architecture. Motivating form after Modernism.* Chicago/Londres: The University of Chicago Press, 2017.

Koestler, Arthur. *The Act of Creation.* Londres: Hutchinson , 1975.

Mántaras, Ramon López de."Creativitat computacional.» En *Creativitat digital,* editado por Antoni Hernández-Fernández, 15-22. Barcelona: Universitat Politècnica de Catalunya, 2023.

Pask, Gordon. «The Architectural Relevance of Cybernetics.» *Architectural Design* (1969): 494–496.

Poincoré, Henry. *The Foundations of Science: Science and Hypothesis, The Value of Science: Science and Method.* Washington: CreateSpace Independent Publishing Platform, 1982.

Sanguinetti, Pablo. *Tecnohumanismo. Por un diseño narrativo y estético de la inteligencia artificial.* Madrid: La Huerta Grande, 2023.

Sautoy, Marcus du. *Lo que no podemos saber. Exploraciones en la frontera del conocimiento.* Barcelona: Acantilado, 2018.

Tegmark, Max. *Vida 3.0.* Barcelona: Taurus, 2018.

Torres, Jordi. *La inteligencia artificial explicada a los humanos.* Barcelona: Plataforma Editorial, 2023.

Turing, Alan. *¿Puede pensar una máquina?* Oviedo: KRK Ediciones, 2012.

Agradecimientos

Este ensayo no habría sido posible sin las incontables horas de conversación con Enrique Romero, Julia Capomaggi y Nil Brullet, en el contexto del desarrollo del proyecto de investigación sobre el potencial del uso de la IA en el diseño de la vivienda social (PID2020-116633RB-I00), financiado por el Ministerio de Ciencia e Innovación (MCIN/AEI/ 10.13039/501100011033). También quiero dar las gracias a Moisés Puente por sus correcciones al texto. A todos ellos, gracias.

Colección Ensayos Críticos

Directora de la colección
Silvia Colmenares

Edita
DPA ETSAM en colaboración con
Ediciones Asimétricas

Ensayos Críticos 11
La musa invisible

© de los textos
Lluis Ortega

© de las imágenes
sus autores

© de la edición
© DPA ETSAM, 2024
www.dpa-etsam.com
© Ediciones Asimétricas, 2024
www.edicionesasimetricas.com

Diseño
gráfica futura

Impresión
Estilo Estugraf Impresores

ISBN
978-84-10065-71-0

Depósito legal
M-24888-2024

Impreso en España / Printed in Spain

Este producto está hecho de material proveniente
de bosques certificados FSC® bien manejados
y de otras fuentes controladas.